AF324535

ORDRE

D'ADMINISTRATION

POUR

LE SOULAGEMENT DES PAUVRES

De la Paroiſſe de Saint-Sulpice.

Beatus qui intelligit ſuper Egenum & Pauperem........ *Pſ.* 40.

RIEN de plus important, ſoit pour la Religion, ſoit pour les bonnes mœurs, que la diſtribution des Aumônes. Répandues ſans choix & ſans diſcernement, elles ſont plutôt nuiſibles qu'utiles dans les grandes Villes. En entretenant l'oiſiveté de ceux qui en profitent, elles ouvrent la porte à toute ſorte de vices. L'habitude de ſe procurer une certaine aiſance ſans peine, ſans travail, conduit à mettre tout à prix, juſqu'à la vertu, non-ſeulement pour avoir ce qui eſt néceſſaire à la vie, mais encore pour contenter la vanité de la parure, & les fantaiſies de tout genre : que l'on joigne à la corruption des mœurs qui en réſulte, les fraudes, les menſonges, les artifices qu'emploient les prétendus Pauvres, pour ſurprendre la charité des perſonnes bienfaiſantes, & l'on verra combien il eſt néceſſaire pour rétablir la probité, la Religion, les mœurs, dans cette portion des Citoyens, d'y faire renaître le goût du travail, & de ne donner des ſecours qu'à ceux auxquels le produit de leurs mains n'eſt pas ſuffiſant, ou que les infirmités & la vieilleſſe empêchent de travailler.

Or, ſecourir les vrais Pauvres, faire ſubſiſter les Vieillards & les Infirmes dans une honnête aiſance ſelon leur état, pourvoir aux beſoins des malades, eſſuyer les larmes des meres déſolées en leur procurant les moyens de nourrir leurs enfans, & de les mettre en état par une bonne éducation, de gagner leur vie, sauver des familles entieres de l'indigence & de l'oppreſſion, ſoit en rétabliſſant leur commerce ruiné, ſoit en les protégeant contre l'injuſtice, tout ramener ainſi par la vigilance & la juſte diſtribution des Aumônes à l'honnêteté, à la décence, & à la pureté des mœurs, c'eſt ce qu'exige de nous la Religion dont nous ſommes les Miniſtres, c'eſt ce que la charité de l'Evangile a fait du moment qu'il a été prêché ſur la terre, & ce que nous devons en attendre, ſi nous ſommes aſſez heureux pour la ranimer dans le cœur d'un chacun. Son objet étant de réunir tous les hommes en un même corps dont Jeſus-Chriſt eſt le Chef, & en une même famille comme freres d'une égale origine, & les enfans d'un même Pere qui eſt Dieu; elle ſeule, cette divine charité, peut faire régner entr'eux l'harmonie & la félicité. En retranchant aux Riches ce qu'ils ont de trop pour fournir aux Pauvres ce qui leur manque, elle n'appauvrit pas les uns, parce que la différence des conditions & des fortunes eſt dans l'ordre de la Providence, & par la même raiſon elle n'enrichit pas les autres; mais tous ſubſiſtent dans un rapport mutuel avec cet avantage pour les riches que le plaiſir de donner, à quiconque fait l'éprouver, eſt en eux un ſentiment bien plus délicieux que la reconnoiſſance la plus vive dans les Pauvres les mieux ſecourus.

Ordre d'Adminiſtration.

1.° L'ÉTENDUE de la Paroiſſe & la multitude des Pauvres qu'elle renferme, nous a déterminés à former quatre adminiſtrations particulieres, & tout-à-fait diſtinctes, afin que la vigilance ſoit plus prompte & plus exacte.

2.° Chacune de ces adminiſtrations aura un nombre de rues fixé, un regiſtre où tous les Pauvres de cette partie feront inſcrits par ordre alphabétique en forme de dictionnaire, avec leur domicile, leurs mœurs, leurs beſoins & les ſecours qu'il convient de leur donner. Chacune ſera compoſée de quatre Prêtres de la Communauté, & de quatre Dames Bourgeoiſes leſquelles auront à leur tête, deux Dames de qualité, qui veulent bien contribuer à cette bonne œuvre. Le Curé de la Paroiſſe, le

Vicaire & les deux Prêtres chargés des Regiſtres, feront de toutes les adminiſtrations, ainſi que la Sœur Supérieure des Filles de la Charité, pour les Malades.

3.° Les quatre Prêtres feront chargés de viſiter les pauvres familles, de faire tout ce en quoi ils pourront contribuer à leur foulagement fpirituel & temporel en employant toutes les reſſources de leur Miniſtere : & ils auront chacun un état par écrit des Pauvres confiés à leur vigilance.

4.° Les quatre Dames de Charité feront, de leur côté, les informations néceſſaires pour conſtater la demeure, les befoins, les mœurs des Pauvres dont on leur donnera le nom & l'adreſſe, & mettront leurs obfervations par écrit. Elles s'aſſembleront une fois par mois, chez l'une des deux Dames de qualité, qu'elles auront à leur tête, au jour & à l'heure que ces Dames leur auront indiqué. Là elles expoferont leurs obfervations fur chacun de leurs Pauvres refpeſtifs, & délibéreront fur les moyens que l'on pourroit prendre afin de les fecourir efficacement. Les notes feront rédigées d'un commun accord, & les deux Dames de qualité, s'en étant bien inſtruites, les porteront au Bureau d'adminiſtration, ou à l'aſſemblée qui fe tiendra tous les mois dans l'ordre ci après, chez M. le Curé, où il fe trouvera avec tous ceux qui doivent compofer l'aſſemblée d'adminiſtration, comme il eſt dit, ci-deſſus, N.° 2.

Dans cette aſſemblée, on ouvrira le grand regiſtre où tous les Pauvres font infcrits par ordre alphabétique, on profitera des notes que les deux Dames de qualité auront apportées; &, après avoir délibéré, on déterminera les fecours & tout fera conſigné dans le regiſtre avec la date du jour. Les deux Prêtres chargés des regiſtres marqueront enfuite la délivrance des fecours à proportion qu'elle fera faite, ce qui fera vérifié dans l'aſſemblée fuivante.

Remarque importante & fuite du Plan d'adminiſtration.

Sɪ les quatre Dames Bourgeoifes chargées des informations aſſiſtoient à cette derniere aſſemblée où les fecours feront accordés, elles feroient expofées à toutes les perfécutions des

Pauvres , qui , perfuadés qu'elles pourroient tout obtenir , iroient continuellement dans leurs maifons les folliciter , & les rendroient victimes de leur impatience & de leurs murmures ; ce qui autrefois les avoit fi fort dégoûtées qu'il n'étoit plus pof- fible d'en établir, parce que perfonne ne vouloit s'en charger. Les Dames de qualité n'ont pas cet inconvénient à craindre ; il leur eft très-facile d'éviter ces fortes d'importunités.

Auffi, outre les deux qui veulent bien s'employer dans cha- cune des quatre adminiftrations, toutes celles qui habitent dans cette partie de la Paroiffe , dont on tiendra le Bureau pour les Pauvres, font invitées à s'y trouver, foit pour juger de la maniere dont les Aumônes feront diftribuées, ce qui fervira à éta- blir la confiance néceffaire pour accréditer cette bonne œuvre, foit pour fe charger de vifiter de temps en temps (une fois par mois) quelques Pauvres familles qui feront à leur portée autant que leur charité pourra les y engager , ou qu'elles en au- ront l'occafion & la force. Ces vifites feront le plus touchant fpectacle qui ait jamais honoré la Capitale , & le moyen le plus efficace pour rétablir la probité , les mœurs & la Religion dans ces familles.

Chacune de ces Dames fe chargera d'en vifiter deux ou trois, ce qui n'aura lieu qu'après toutes les informations , fuivant le plan ci- deffus pour prévenir tout inconvénient. Elle entrera dans le détail de leurs befoins, les encouragera au travail , leur donnera fes con- feils & leur promettra de s'intéreffer en leur faveur dans l'occafion, ce qu'elle fera en s'adreffant directement à M. le Curé à qui elle enverra auffi la note des petits fecours qu'elle aura jugé à propos de donner. Mais toutes font inftamment priées de n'en point ac- corder de confidérables, & de fe tenir en garde contre la bonté naturelle de leur cœur, en voyant l'indigence de ces familles, qui, pour exciter leur commifération , emploieroient toute forte d'artifices, ce qui ruineroit entièrement l'œuvre. Chacune doit s'en rapporter au Bureau d'adminiftration qui feul ayant l'enfemble de tous les Pauvres , peut proportionner les fecours au befoin & à la multitude.

Quel bonheur pour la fociété , quel triomphe pour la Religion, & quel exemple pour toute la France , fi les Dames de qualité veulent bien se prêter à cet arrangement! Non, il n'y a que l'Evangile qui puisse ainsi rapprocher tous les états : c'est en faisant du bien qu'on devient bienfaisant : les grands, les riches, devenus témoins des miseres des Pauvres, retrouveront dans leurs cœurs ce sentiment si doux de compassion & de générosité que jamais dans cette Paroisse l'on n'a sollicité inutilement, & qui fait leur véritable grandeur. Assurons-les, & plusieurs l'ont éprouvé, qu'ils y trouveront plus de satisfaction & de vrais plaisirs que dans tous les amusemens que le monde leur offre.

Nous ne nous adressons qu'aux Dames, parce que la Providence les a spécialement destinées au soulagement des Pauvres, & que les hommes surchargés par les affaires, soit pour la conservation de leurs biens, ou la prospérité de leurs familles, soit pour le service & la défense de la Patrie, ne peuvent s'en occuper d'une maniere suivie.

Nous ajouterons encore que les Dames, qui voudront ainsi visiter quelques familles, ne contribueront pas moins à la bonne œuvre que les huit chargées des Bureaux d'administration, & en voyant de plus près les Pauvres, elles éprouveront encore plus vivement le plaisir de leur faire du bien : la charité n'admet ni ne soupçonne aucune préférence, & réduit tout à l'égalité, sitôt qu'elle commande.

SECOURS.

Les Secours consisteront :

1.º A fournir de l'ouvrage aux Pauvres en état de travailler : on donnera aux femmes à filer & à coudre, non-seulement pour elles, mais encore pour leurs filles, qu'elles accoutumeront au travail dès l'âge de sept ans. L'habitude d'oisiveté que ces pauvres enfans contractent jusqu'à treize & quatorze ans, où commence leur apprentissage, devient si forte, que la plupart ne peuvent rien apprendre : ce qui les livre, sans ressource, à la plus cruelle indigence & aux désordres qui en font la suite. Pour les hommes, il y aura un bureau d'adresse sur la Paroisse où l'on indiquera de l'ouvrage à ceux qui en manqueront.

2.° A donner le pain à six liards la livre à ceux dont la pauvreté sera bien constatée. Deux raisons ont déterminé la suppression du pain gratuit, appellé *Pain des pauvres*. La première, c'est que les fournisseurs choisissoient les plus mauvaises farines, ce qui occasionnoit souvent des plaintes bien fondées ; la seconde, c'est que les Pauvres, outre l'avilissement qui en résultoit, accoutumés à manger un pain qu'ils n'avoient pas gagné, se dégoûtoient de plus en plus du travail, ce qui, malgré l'abondance des Aumônes, perdoit les familles en y introduisant tous les vices : au-lieu que par notre arrangement, les Pauvres auront du bon pain, tel que le mangent les ouvriers même les plus aisés, & le mangeront avec plaisir, parce qu'ils l'auront gagné ; ce qui les attachera au travail & les ramenera aux bonnes mœurs.

3.° A relever le commerce de ceux qui ont éprouvé des malheurs, & les rétablir dans leur état par un secours considérable une fois donné, mais en prenant les plus sages précautions pour n'être pas trompé.

4.° A soigner les malades, & leur fournir tout ce qui sera nécessaire, le Chirurgien, le Médecin, les drogues, le bouillon, & dans leur convalescence ce qu'on appelle *la Portion*, qui consiste en un pain molet & un morceau de viande chaque jour.

5.° A donner le lait & la farine pour les petits enfans nourris par leurs Meres, lesquelles sont averties qu'à moins de raisons très-fortes on ne les aidera pas à payer les mois de nourrice, parce que leur premier devoir est de nourrir leurs enfans.

6.° A délivrer les prisonniers pour dette, quand ce sera l'avantage de leurs familles, & en prenant les précautions convenables. On se rendra difficile aux prisonniers pour les mois de nourrice, à cause des raisons ci-dessus.

7.° A mettre des enfans en apprentissage, quand les parens n'en ont pas la faculté ; ils y contribueront cependant autant qu'il leur sera possible.

8.° A faire de petites pensions aux Vieillards & aux Infirmes pour les mettre en état de payer leur pain à six liards la livre, & pour le reste de leur entretien. Mais ceux qui n'auront personne auprès d'eux pour les soigner, ni parens, ni amis, seront placés dans les Hôpitaux, parce qu'il seroit trop coûteux de payer une garde pour chacun d'eux, les aumônes ne pourroient jamais y suffire : on les aidera, s'il est nécessaire, de quelques petits secours, afin qu'ils y soient bien traités.

9.° A fournir des layettes, des lits, des habits, des outils pour le travail, & généralement tout ce qui est absolument nécessaire. On ne donnera des secours en argent que très-rarement, & dans les cas marqués ci-dessus : les pauvres en abusent presque toujours, par défaut d'économie, ou pour se divertir.

10.° On ne paiera jamais le loyer en entier, parce qu'il seroit impossible d'avoir des fonds suffisans, & qu'il en résulteroit toute sorte d'abus ; mais on aidera pour un quart ou un cinquieme, ceux qui, malgré leur assiduité au travail & leur économie, auront besoin de ce secours.

Maniere de faire passer les Secours.

1.° Pour l'ouvrage : il y aura trois dépôts de filasse, où l'on en fournira à toutes les femmes qui voudront filer, sur un billet de la Paroisse, & on y inscrira leur nom, avec la quantité de filasse qui leur sera délivrée. Elles recevront, en rendant le fil, leur paiement, selon sa qualité. Celles qui en rapporteront six livres au bout de la semaine, auront, au dessus de la paie, douze sols de gratification, celles qui en rapporteront cinq, dix sols, celles qui en rapporteront quatre, huit sols, & au-dessous, rien, parce que ce sera preuve de paresse. Si le fil est de la premiere qualité, on donnera quatre sols de gratification par livre au-dessus du prix ; ce qui n'aura lieu que pour les fileuses qui en rapporteront au moins deux livres par semaine.

On prêtera, à la Paroisse, des rouëts à toutes les fileuses qui n'auront pas le moyen d'en acheter, à la charge de les rendre quand elles pourront s'en procurer d'ailleurs.

Les filles & femmes isolées, qui n'ont point chez elles de ménage, iront filer dans la maison de l'Enfant-Jesus, suivant l'ancien établissement. Elles y trouveront les mêmes avantages, qui autrefois y en attiroient un très-grand nombre.

Il y aura aussi, comme nous l'avons dit, un Bureau d'adresse sur la Paroisse, où un Commis sera chargé d'indiquer de l'ouvrage aux hommes qui en manquent, également sur un billet de la Paroisse : le Commis leur demandera ce qu'ils savent faire, & leur indiquera du travail proportionné à leur talent.

Pour les femmes qui ne peuvent être appliquées qu'à la couture, il y aura cinq ou six Maîtresses Couturieres chez lesquelles ces personnes iront travailler à la journée, sur un billet de la Paroisse : on y fournira de l'ouvrage, & la journée sera payée exactement. Les meres de familles, qui ne pourront point quitter leurs enfans, emporteront l'ouvrage chez elles aux mêmes conditions.

2.º Pour le pain : il y aura des cartes frappées au coin de Saint Sulpice, & signées à la main, portant chacune un pain de quatre livres à six sols. On donnera à chaque famille le pain nécessaire pour un mois, en leur délivrant le nombre des cartes suffisant. Huit boulangers, c'est-à-dire, deux par administration, recevront ces cartes à mesure qu'ils fourniront le pain à six sols les quatre livres & au bout du mois ils rapporteront lesdites cartes à la Paroisse, où l'on payera l'excédent, suivant le prix courant au marché ; la même opération se fera tous les mois depuis la Toussaints jusqu'à Pâque. Dans l'été, où il est plus facile au peuple de subsister, on n'accordera cette aumône qu'à ceux à qui elle sera absolument nécessaire.

3.º Pour les Marchands dont on pourra relever le commerce, après qu'on aura constaté leur capacité pour le continuer, & leur bonne conduite de la maniere la plus secrette, ce sera M. le Curé ou quelqu'un de confiance de sa part qui remettra les secours : mais, leurs affaires rétablies, ils seront tenus de rendre ce qu'ils auront reçu pour être employé au soulagement des Pauvres.

4.º Pour

4.º Pour les Malades , les Sœurs de la Charité iront les voir , sur un billet de la Paroisse , & pourvoiront à tout ce qui leur sera nécessaire.

5.º On donnera le lait & la farine chez les Sœurs de la Charité , rue Férou , au moyen des cartes qui y seront distribuées tous les quinze jours.

6.º Pour la délivrance des Prisonniers , deux Dames Bourgeoises seront chargées de faire les vérifications & informations dont elles rendront compte à l'une des deux Dames de qualité qui veulent bien se charger de cette partie , laquelle s'adressera directement à M. le Curé : & la délivrance de chaque prisonnier sera consignée sur le Registre d'administration , suivant son domicile , avec la somme donnée.

7.º Les enfans des deux sexes seront mis en apprentissage sur la décision des Bureaux d'administration. Deux Dames Bourgeoises les visiteront de temps en temps , veilleront à leur conduite , à leur assiduité au travail , & en rendront compte aux deux Dames de qualité chargées de cette bonne œuvre , qui viendront l'une ou l'autre , au Bureau d'administration demander ce qu'elles jugeront convenable , ou s'adresseront à M. le Curé.

8.º Les Pensions aux Vieillards & aux Infirmes , seront payées par les deux Prêtres chargés spécialement des Pauvres & tenant les Registres.

9.º Pour les layettes , les lits , les habits , les outils & autres effets nécessaires , il sera donné à la Paroisse des billets sur lesquels les fournisseurs indiqués délivreront ce qui sera marqué , & les comptes seront arrêtés tous les mois.

10.º Enfin le moyen le plus utile de faire passer les secours aux Pauvres , est de les confier aux Dames qui les visiteront & voudront s'en charger : nous les préférerons toujours , & ce ne sera qu'à leur défaut , qu'on se servira d'autres mains pour ce consolant emploi.

Secours en Prêt absolument gratuit.

Il n'est pas moins nécessaire de prévenir l'indigence que de la secourir : les arrangemens ci-dessus resteroient insuffisans si nous ne détruisions la principale cause de la ruine des familles parmi le peuple. Afin de les souftraire aux ravages de l'usure, trop connus pour devoir en parler, nous établissons un secours de charité en Prêt absolument gratuit, en faveur seulement des Paroissiens : le moyen en est facile & l'avantage incontestable.

1.° Un particulier recommandable par sa Religion, sa probité & son désintéressement se chargera de cette bonne œuvre, les sommes qui y sont destinées, lui seront remises à proportion que le prêt s'augmentera, lequel ne pourra être que de 24 livres au plus, & de 3 livres au moins, pour chacun de ceux qui voudront y recourir.

2.° Les personnes qui auront besoin d'argent déposeront un gage d'un tiers de valeur en sus de la somme prêtée, se soumettant par écrit à sa vente, si ladite somme n'est remise dans l'espace d'un an révolu.

3.° Supposé que cette vente ait lieu, ce sera en présence d'un homme public suivant les formes établies & l'on aura soin de remettre au propriétaire le surplus de la somme prêtée, afin de ne jamais prendre le moindre intérêt.

4.° Les effets seront évalués, arrangés, gardés & vendus, si le cas échoit, après l'année révolue, toujours avec les précautions convenables pour empêcher toute supercherie.

5.° Ce prêt en secours de charité, n'aura lieu qu'en faveur des personnes connues, & sur un billet de la Paroisse. Celles qui ne l'étant pas se présenteront avec un gage seront remises à huitaine; on fera les informations nécessaires, & secrettement comme il se pratique pour les Pauvres honteux.

6.° Les jeunes gens, les enfans de famille, les domestiques, ne seront jamais reçus. Les femmes des domestiques seront examinées avec soin, & leur gage ne sera admis que dans la certitude qu'il leur appartient legitimement.

7.° Jamais le Bureau du Prêt gratuit ne fera de remise. Ce dernier article est important pour maintenir cette bonne œuvre, pour empêcher la paresse, la négligence & pour exciter la vigilance des propriétaires qui ne manqueront pas de travailler avec assiduité, de faire leur commerce avec soin &

d'ufer d'économie, afin de retirer leur gage d'un tiers de valeur en fus de l'argent qu'ils auront à rendre.

La Paroiffe fera tous les frais de cet établiffement & ce fera la plus utile de fes Aumônes ; le Prêt gratuit ayant fur le pur don l'avantage d'entretenir, d'exciter même l'induftrie & l'amour du travail que l'abus des charités détruit dans plufieurs.

CONDITIONS que les Pauvres ont à remplir.

1.º CHACUN préfentera un mémoire, où il mettra fes noms de baptême & de famille, fon âge, fon métier ou fon emploi; s'il eft marié, le nom de fa femme avec fa profeffion, le nombre de fes enfans & ceux qui reftent à fa charge s'il en a d'établis: le lieu de fon domicile, à quel étage de la maifon, depuis quel temps, & où il a demeuré auparavant; les fecours qu'il demande fi c'eft en pain, en argent, en marchandifes ou autres effets. Les femmes, les veuves, généralement toutes perfonnes qui demanderont des fecours feront affujéties à la même régle : ceux qui ne fauront pas écrire s'adrefferont à MM. les deux Prêtres tenans les Regiftres.

2.º Ces placets ou mémoires feront fignés du Confeffeur pour preuve que la perfonne demandante fait profeffion de la Religion Catholique.

3.º Les Proteftans, & en général ceux qui ne font pas de la Religion Catholique, le déclareront dans leurs placets, ou s'adrefferont directement à M. le Curé, & feront fecourus comme les autres. On profitera de cette circonftance, avec les ménagemens convenables, pour les inftruire de la vérité & les détromper de leurs erreurs.

4.º Il y aura une boîte à la porte du Presbitere pour recevoir les placets, mémoires ou lettres dont MM. les deux Prêtres chargés des Regiftres auront feuls la clef : ils l'ouvriront tous les jours, & ne feront, que huit jours après, la réponfe aux Pauvres qui viendront la chercher, à moins de circonftances extraordinaires.

5.º Ceux qui changent fouvent de domicile ou qui logent en cabinets garnis, feront très-fufpects : ceux qui auront expofé faux, contrefait des fignatures pour des certificats & dont la mauvaife foi fera prouvée , ceux qui auront vendu les effets reçus , feront notés & rejetés pour toujours.

6.° Ceux qui travaillent pour l'opéra , la comédie , de quelque métier que ce foit , ceux qui fréquentent les cabarets, qui y jouent des inftrumens , ou dans les rues ; ceux qui habitent dans des maifons fcandaleufes , tous ceux dont la mauvaife con-duite eft connue , feront exclus des fecours de la Paroiffe, jufqu'à ce qu'ils aient changé , de même que ceux qui ne rem-pliffent aucun devoir de Religion.

7.° Les mendians, les troniers ou tronieres , ne recevront point l'affiftance que la Paroiffe n'accorde qu'aux Pauvres qui ne mendient pas, parce qu'ils trouvent ailleurs de quoi fubfifter.

8.° Les peres & meres , qui négligeront d'envoyer leurs enfans aux Catéchifmes & aux Ecoles de charité , feront privés des fecours , jufqu'à ce qu'ils rempliffent cet important devoir.

9.° Enfin il ne fera donné aucun fecours, fans qu'au préalable les informations aient été faites avec foin : on prendra toutes les précautions pour ménager la délicateffe des perfonnes de condition qui auront befoin d'affiftance, & fur - tout des mar-chands dont le commerce fouffriroit par le défaut de crédit , fi le mauvais état de leurs affaires étoit connu.

PRÉCAUTIONS à prendre pour n'être pas trompé.

1.° LE SEUL MOYEN de foulager les Pauvres , c'eft que jamais il ne fe faffe de double emploi. Ceux donc qui peuvent faire l'aumône font priés, ou d'envoyer à M. le Curé la fomme qu'ils y deftinent en retirant un reçu , ou de lui communiquer la lifte des pauvres dont ils fe chargent en fpécifiant le genre & la quantité des fecours qu'ils leur donnent. Dans le cas ou quel-qu'un voudroit abfolument ne pas être connu , il feroit remettre à la Paroiffe fa lifte non fignée, par quelque perfonne digne de foi. Cette précaution eft de toute néceffité pour empêcher les fraudes & les artifices de certains Pauvres qui reçoivent de toutes mains , & fe trouvent dans l'abondance tandis que les plus honnêtes familles font abandonnées.

2.° Nous ne faurions affez prévenir les Paroiffiens que , dans aucune circonſtance, ils ne doivent avoir égard aux certificats de la Paroiſſe toujours ſurpris ou ſuppoſés que leur préſentent les Pauvres, la régle étant inviolable de n'en point donner. Si quelque perſonne charitable en exige, elle écrira directement à M. le Curé, dont la réponſe, en forme de lettre cachetée, ſervira de certificat, & le Pauvre qui en ſera l'objet n'aura jamais la commiſſion de la porter.

3.º De même l'on ne doit pas ajouter foi à qui que ce ſoit, laïque ou prêtre, ſe diſant envoyé de M. le Curé pour faire une quête, ni aux lettres de recommandation ſi elles ne ſont pas en réponſe. En un mot, on n'aura qu'à s'informer à la Paroiſſe, où tous les Pauvres ſont inſcrits, pour éviter toute ſurpriſe & bien placer ſes Aumônes.

CONCLUSION.

Tout ce détail d'Adminiſtration, alarmera d'abord la Charité la plus généreuſe, ſoit par la multitude des beſoins à ſoulager & des précautions à prendre, ſoit par la difficulté d'en remplir les diverſes parties. Mais nous ne ſommes pas ſans reſſource; il y a dans tous les cœurs une étincelle qu'il ne faut que ranimer, un ſentiment de compaſſion pour les malheureux, un ſecret plaiſir de leur faire du bien, un penchant dirigé par la loi naturelle & perfectionné par la Religion Chrétienne dont les Pauvres ſont le principal objet ſur la terre. Cette heureuſe diſpoſition de la nature ne s'efface jamais entièrement & il n'eſt pas difficile de l'exciter ſur-tout dans cette immenſe Paroiſſe, où la nobleſſe des ſentimens jointe à la piété, fut toujours une ſource inépuiſable de charité, de ſenſibilité & de bienfaiſance. En voici la preuve la plus éclatante : cet arrangement que nous ne mettons ſous les yeux du public qu'après ſon exécution, vient d'être formé dans moins de trois mois, & avec tant de facilité par l'empreſſement avec lequel tous les états s'y ſont prêtés que, malgré nos eſpérances, d'ailleurs bien fondées, nous n'aurions pas oſé nous promettre un tel ſuccès dans cet eſpace de temps.

ADMINISTRATION GÉNÉRALE

*Des Charités de la Paroisse de Saint-Sulpice, divisée en quatre Bureaux,
lesquels se tiendront tous les mois, depuis la Toussaints jusqu'au
premier Septembre, dans l'ordre ci-après, toujours le lundi, s'il n'est
pas jour de Féte, auquel cas ce seroit le mardi, ou successivement le
premier jour libre de la semaine, toujours l'après-midi, à trois heures
& demie, chez Monsieur le Curé.*

PREMIER ET SECOND BUREAU.

Premier lundi du mois, le Bureau d'Administration de la partie du Luxembourg & du Cherche-midi, qui comprend les rues :

Des Aveugles.
La Foire, le Préau, le Marché St. Germain.
Des Boucheries.
Du Brave.
De Condé.
Des Cordeliers.
De Touraine.
Du Cœur Volant.
Des quatre vents & le Cul-de-Sac.
Des Fossez Mr. le Prince, jusqu'à la porte & Place St. Michel.
De Vaugirard jusqu'à la rue Férou.
De Tournon.
Du Petit-Lion.
Du Petit-Bourbon.
Garenciere.
Palatine.
Des Fossoyeurs.
Du Canivet.
Du vieux Colombier.
Férou & le Cul-de-Sac.
Pot-de-Fer.
Honoré-Chevalier.
Mezieres.
Du Gindre.
Carpentier.
Cassete.
Neuve-Guillemain.
Beurierre.
Du Cherche-midi.
Des vieilles Tuileries.
Du petit Vaugirard.
Du Regard.
Du Petit-Bacq.
De Bagneux.
De Vaugir. depuis la rue Férou jusqu'à la Croix.
De N. D. des Champs & Cul-de-Sac.
Du Mont-Parnasse.

Second lundi du mois, le Bureau d'administration de la partie des rues du Four & Saint Dominique, qui comprend les rues :

Du Four.
Des Canettes.
Du Sepulchre.
Petite rue Taranne.
Du Sabot.
De l'Egoût.
Des Ciseaux.
Princesse.
Guisarde.
Saint Dominique.
Saint Guillaume.
De Belle-Chasse.
Du Bacq
De Bourgogne, ces deux depuis la rue S. Domin. jusqu'à la riviere.
De l'Université.
De Poitiers.
De Bourbon.
De Verneuil, ces quatre depuis & au de-là de la rue du Bacq.
Les Quais d'Orsay & de la Grenouilliere.

ASSISTERONT AU BUREAU

*Les deux Dames de qualité qui en sont chargées, toutes les Dames
de qualité qui habitent dans le quartier de la Paroisse dont le
Bureau se tiendra, & qui voudront s'y rendre : Monsieur le Curé,
Monsieur le Vicaire, Messieurs les deux Prétres chargés des Regîtres
des Pauvres, Messieurs les quatre Prétres de ce quartier, & la Sœur
Supérieure des Filles de la Charité, pour les Malades.*

ADMINISTRATION GÉNÉRALE

Des Charités de la Paroisse de Saint-Sulpice, divisée en quatre Bureaux, lesquels se tiendront tous les mois, depuis la Toussaints jusqu'au premier Septembre, dans l'ordre ci-après, toujours le lundi, s'il n'est pas jour de Fête, auquel cas ce seroit le mardi, ou successivement le premier jour libre de la semaine, toujours l'après-midi, à trois heures & demie, chez Monsieur le Curé.

TROISIEME ET QUATRIEME BUREAU.

Troisieme lundi du mois, le Bureau d'Administration de la partie des rues Mazarine & Saint Benoît, qui comprend les rues :

De Buffy.
Petit marché aux Poissons.
De Bou bon-le-Chateau.
Rue & Cul - de - Sac de l'échaudé.
De Seine.
Des mauvais Garçons.
Mazarine
Place des quatre Nations.
Guénégaud jusq l'Egoût.
Dauphine.
St. André-des-Arcs.
Des Foffez St. Germain.

St. Benoît.
Des deux Anges.
Du Colombier.
Des Petits Augustins.
Des Marais.
Quais Malaquay & des Theatins jusqu'à la rue du Bacq.
Des SS. PP. jusqu'à la rue St. Dominique.
Jacob.
De l'Université, jusqu'à la rue du Bacq.
De Beaune.
De Bourbon.
De Verneuil.
Ces quatres depuis la rue des SS. PP. jusqu'à la rue du Bacq.
De Ste Marie.

Quatrieme lundi du mois, le Bureau d'Administration de la partie de rues de Séve & Grenelle, qui comprend les rues :

De Séve
Ste Placide.
St. Maur.
St. Romain.
Des Brodeurs.
De la Plume.
Traverse.
Des Vachers.
Rousselet.
Barouilliere.

Sainte Maregurite.
Cour du Dragon.
Taranne.
Des S. PP. depuis la rue S. Dominiq. jusqu'à celle de Grenelle.
De Grenelle.
Des Rosiers.
De la Chaise.
De la Planche.
Du Bacq depuis la rue St. Dominique jusqu'à la rue de Séve.
Hilerin Berdin.
De Varenne.
De Bourgogne, jusqu'à la rue St. Dominique.
De Babylone.

ASSISTERONT AU BUREAU

Les deux Dames de qualité qui en sont chargées, toutes les Dames de qualité qui habitent dans le quartier de la Paroisse dont le Bureau se tiendra, & qui voudront s'y rendre : Monsieur le Curé, Monsieur le Vicaire, Messieurs les deux Prêtres chargés des Registres des Pauvres, Messieurs les quatre Prêtres de ce quartier, & la Sœur Supérieure des Filles de la Charité, pour les Malades.

Lu & approuvé. A Paris, ce 4 Novembre 1777 *Signé,* DE SAUVIGNY.

Vu l'Approbation. Permis d'imprimer, ce 4 Novembre 1777. *Signé,* LE NOIR.

De l'Imprimerie de la Veuve HÉRISSANT, Imprimeur du Cabinet du ROI; 1777.

www.ingramcontent.com/pod-product-compliance
Lightning Source LLC
LaVergne TN
LVHW010304060726
842527LV00007B/2854